CU01432442

Jan Wagner
Steine & Erden

Gedichte | Hanser Berlin

Berlin, 19.10.2023

For you, dear John,
after our Bavarian
autumn encounter –

with visbypackages,

J

Die Arbeit an den vorliegenden Gedichten wurde
großzügig durch den Deutschen Literaturfonds e. V.
gefördert, wofür der Autor von Herzen dankt.

1. Auflage 2023

ISBN 978-3-446-27730-4
© 2023 Hanser Berlin in der
Carl Hanser Verlag GmbH & Co. KG, München
Umschlag: Anzinger & Rasp, München
Motiv: Back to the Roots © TintoDesigns
Satz: Sandra Hacke
Druck und Bindung: Friedrich Pustet, Regensburg
Printed in Germany

MIX
Papier | Fördert
gute Waldnutzung
FSC
www.fsc.org   FSC® C014889

Si parler ainsi de la terre fait de moi
un poète mineur, ou terrassier, je veux l'être!
Je ne connais pas de plus grand sujet.

Francis Ponge, *La terre*

I

reifen

dort, wo die stadt versickert,
beim bahndamm, jenseits der in ihrer pracht
erstarrten, riesigen zikade
des umspannwerkes, siehst du sie: gebraucht,
getürmt, ein ganzes feld, gezackt
oder gewellt die maserung in jedem bauch

und dunkler als sämtliche rembrandts
zusammen: gummiakropolis,
heiligtum des banalen – im herbst berennt es
der sturm, erduldet es die peitschen des graupels,
nun surrt insektenstille, julitransparenz.
der löwenzahn mit seinen angorapullis,

die schafgarbe am zaun und an den gräsern
zecken, ganz auf ihre borrelio-
se konzentriert; hoch auf dem thron vergessen
die götter dunlop, goodyear, pirelli
fern von der glorreichen bremsspur, den abgasen,
fortschrittsschlacke. eine parallel-

welt, die dich machtvoll anzieht, in beschlag nimmt,
an maschendraht gepreßt dein kindsgesicht,
da es im innern flüstert oder summt:
»ich werde wachsen, kälter werden, dichter,
von tieferem schwarz, bis nichts mir mehr entkommt,
kein stern, kein staubkorn, nicht einmal das licht.«

angel-ode für onkel adi

einer jener schweigsamen männer, die wie
nebel über hüfthohen gummistiefeln
standen, unbeweglich im breiten fluß – wer
    stunde um stunde

auf den schwimmer starrte, hing selber zwischen
grund und himmel. knotige oberarme,
beide knie narbig, lebendig wie das
    glas voller würmer,

wotanswampe; brachtest mir bei, wie man in
leere flaschen pinkelte, wenn es not tat,
zwanzig karten hielt in der hand; schlugst plötzlich
    um wie das wetter.

wieviel junges wasser seither den raum des
alten einnahm; wieviele flüsse ist es
her, seit wälder vortraten aus dem dunkel,
    lauschten und schauten,

während man die füße am feuer wärmte,
ein, zwei knoten löste mit steifen fingern –
thermoskannentage, am frühen morgen
    oder im hirschlicht,

stets zur hand die holzschachtel, all die fliegen,
bleigewichte, blinker und doppelhaken,
hochzeitsschmuckgefunkel für deine kalten
    bräute, die fische.

pegasus

steht da, als du nach hause kommst, nimmt das zimmer ein, läßt soeben das bücherregal zu boden gehen mit seiner prachtvollen abrißbirne von hintern. das sofa – ausgeweidet; die zierpalme – skelettiert; und bedenklich pendelt die lampe, als er die flügel hebt. er rollt seine augen ins weiß, als brenne irgendein stall; seine nervösen hufe, die wie die fäuste zweier preisboxer umeinander kreisen, kreisen. das klopfen an der decke von unten klingt dringlicher am nächsten tag, nach einer woche ist aus dem brief des vermieters im kasten eine zornige flotte geworden. und abermals wirst du am morgen von zwei schweren, dampfenden kübeln voll pferdemist vom vierten stock in die tiefe gerissen, mit angehaltenem atem wie ein apnoetaucher. der haufen von streng duftendem gelb ist üppig geworden im hof, die nachbarsjungen tuscheln hinter der hand: du bist der spinner, der gold zu stroh macht. als du abends das fenster öffnest, ist er plötzlich ganz ruhig und sieht dich an. du prüfst das sims mit dem fuß. er sieht dich an.

kühe

einmal umschlossen sie, kurz hinter swords,
uns und das auto, zogen mit der würde
einer begräbnisfeier, doch nur halb so schwarz,
an uns vorüber. einmal waren wir herde.

wie sollten sie uns jemals den verrat
verzeihen, sagtest du, die tiefkühlwagen,
bolzen und strom? noch bei der weiterfahrt,
noch abends sahst du nichts als ihre augen.

hunderte von ihnen, tausend,
wie senatoren um die hügelkuppen
gelagert, wie erstaunt, daß wir noch da sind,

oder da vorn, an einen trog gereiht
wie standuhren, massig, mit pendelnden, zucken-
den schwänzen, synchron und ganz in ihrer zeit.

krähenghasele

seit dem tod des freundes sah er krähen,
wohin er sah. schon vorher waren krähen
geschehen, aber nicht wie jetzt – sobald er
heraustrat aus der kirche, saßen krähen
auf schildern, schwärzten die verteilerkästen,
umschatteten den bus, ein wahres krähen-
geleit zur stadt hinaus, wie dirigenten
befrackt, die eine für solistenkrähen
und krähenchor gesetzte partitur
studierten, hinkten, hüpften, eine krähen-
quadrille hinter ihm. das hausverbot
beim bäcker, als er eingehüllt in krähen
um brot bat; auf der parkbank, gestenreich
wie eine witwe auf sizilien, krähen
als ärmel. er vergaß die wörter laken
und schneefall, milch und meerrettich und kren,
bewegte sich als blackout durch die straßen,
als wirbel, biblisch, düster, als ein krähen-
tornado, schwarzer kreisel, schlief verdunkelt
wie eine stadt im krieg, geweckt von krähen
noch vor dem tag. er würde sich entscheiden.
er würde sich entscheiden, mit den krähen-
den hähnen aufzustehen, fortzugehen,
um sich als burgruine unter krähen
an einen hang zu kauern, um als herbstfeld
zu liegen und ein ort der rast den krähen.

kriegerdenkmäler

eines in jedem dorf, ein schweres lot,
ein anker vor der kirche, hinterm markt,
in ihrer stummen immobilität
kaum sichtbar, fast vergessen, unbemerkt;

hockten in ihrem tiefparterre,
in jedem erdloch von tag, kälter als kröten –
in ihrer nähe sank die temperatur
um mehrere dekaden

auf neunzehnhundertvierzehn oder -achtzehn,
selbst wenn ein haufen von vandalen
vorüberradelte, die nackten zehen
blinzelnd in den sandalen,

selbst wenn sich frühlinge verschütteten,
die liebenden ganze sommer verträumten.
sie standen, stiegen auf aus ihren schatten,
verschlossen, fremd, wie hügel von termiten.

bei unserem begann die rodelstrecke,
die einen bis zum fluß hinunter trug,
mein vetter schnupfte maisstärke,
nur für den kick,

wie er uns anvertraute. und so warm
sang nina wriggers mir dort *xanadu*
ins ohr, daß ich erschauerte. infam,
so später tante mia; eine schande.

wespen

du hörst so überdeutlich, wie sie nagen
am holz des gartenstuhls, an all den tagen
im juli und august, und nicht mehr lange,
bis jede faser unter ihren zangen
zermahlen ist, zerkaut, das ganze möbel
nie da war. singen vögel, sangen vögel;
kam wind, ging wind; ein schwarz drückt auf den westen,
erhellt von trotz, von nichts als ihren nestern:
wie weiße lampions, geblähte segel
am first, wie ausgekochte katzenschädel,
papierne monde, meerschaum, gischtstandarten.
ein summen, summen überm leeren garten.

berühmte tische

zum beispiel dieser, der mit sieben opern
und dreizehn symphonien fast zuschanden
geritten worden ist, sein durchgebogen-
er rücken, seine abgewetzten flanken …

jener des herrschers mit den einlagen
von jaspis, elfenbein, perlmutt,
wo er das ohr auflegte, weil er lachen
zu hören meinte, küchenspott;

naturgesetze, urteile, dekrete,
erfinder, papst, tycoon und attaché –
ein strich der feder löschte eine karte
und machte eine stadt zu schutt und asche,

ein rechenfehler schickte
ein, zwei flotten zum grund des atlantiks.
dieser, an dem es endlich glückte,
den langersehnten frieden auszuhandeln,

der stets an einer andern ecke wackelt
trotz all der ausgefeilten symmetrie,
dieser des astronomen, schon verglüht
und pockennarbig wie ein meteor,

und hier unterm käfig von ara, kakadu,
mit spuren von puder und siegelwachs,
jene der mächtigen rokokokokotte
und der mätresse (verantwortlich für mehr wracks

und tückischer als jede meerenge),
die beide wie mit zuckerfäden
gesponnen sind, ein netzwerk, die merengue
von marmor darauf. hier bieder, dort bescheiden,

mondän, pompös, und mancher so gewaltig,
daß man sich kaum heranzutreten traut –
ein stier mit glänzend brauner haut, der faltig
und starr auf seiner wiese steht und altert,

nach hunderten von kämpfen unbesiegt,
indessen matador um matador
in seinen goldbolero sinkt, versickert.
und du, nicht opfer, täter, mittäter,

nicht mehr ganz schlank, noch nicht übergewichtig,
auf halbem weg zwischen wanze und wanst:
komm näher, vorsichtig.
nimm platz, wenn du kannst.

karotten

»Auf der Wörterbuchsitzung vom 31. Mai habe ich die
Abfolge der Wörter bei dem Wort Vie (Leben) angehalten –
das ganz lächerlich definiert worden war: Zustand der
organisierten Wesen, solange sie fühlen und sich bewegen –
Ich habe gefragt: Und was ist mit den Karotten?«

Paul Valéry, *Cahiers*

bewegen sich immerzu fort von der sonne,
dem erdmittelpunkt entgegen,
nur langsam, sehr beharrlich, sonden
aufs schwarz zu, unterirdische raketen,

karotten: wie von einem corbusier
entworfen, ohne grobheit, niemals plump
und prahlerisch wie all die kürbisse,
die jedes feld beherrschen, jeden grund

in einer kürbiswelt. zu recht verehrt
von regenwurm und wühlmaus, eine faser
aus wärme, wenn es regnet, wenn es friert,
noch tief im innersten, ein schlückchen wasser

alles, was nötig ist, anachoreten,
in ihren löchern hockend, unverändert
von allem anfang an: karotten,
die, streicht ein dunkel über grenzen, über länder

hinweg, im boden zwischen libanon
und costa rica leuchten, lehmlaternen.
ein eintrag nur in ihren büchern: leben.
hoch über ihnen, fast verblasst, die sterne.

hölderlins quitte

»Es giebt so manche Stimmungen, wo es nothwendig
wird zu schweigen.«

Brief an die Mutter, 1797

überall äpfel, die ein schwerer ast
freundlich herunterreicht, mit dem äquator
von süße, der ein jedes rund umfaßt,
mit roten hainen. aber keine quitte.

pfirsich um pfirsich samt dem gelben samt-
arsch, der bekronte und geweihte
granatapfel, und birnen, die das land
als lote in den teich senkt: keine quitte.

die quitte, störrischste der früchte, vasig
oder oval geformt; kreist durch ihr sonnen-
system von strauch, der eigenen physik
verpflichtet, nie erfaßt von allzu forschen sinnen.

limonenwälder, von sich selbst erhellt,
mit reifen kirschen und mit goldenen kränzen
die friedensfeiern; von alleine fällt
das obst. die bitterkeit der pomeranzen,

brombeeren, weicher als fingerkuppen,
die feige, dunkel, süß und voller kerne,
als hätte man den himmel mit sämtlichen gauben
und sälen, an allen vier ecken, mit allen sternen

zusammengezurrt, verschnürt, und ein ganzes gewitter
von schwarzen trauben, die man fast betast-
en kann. doch stärker, schier betäubend ist die quitte,
der gelbe duft der quitte, die nicht da ist.

f. h. am fortepiano

»… himmlisch Gespräch ist sein nun.«

treten sie ein, er spielt. und wenn er spielt,
ist alles ruhig in ihm. dann dringt kein toben
von oben, nur akkorde, melodien.
sie werden sich ans fenster lehnen, hören,
wie folgsam seine hände sind. vielleicht
wird er sie heiligkeit und majestät
und gnädiger herr pater nennen, das
ist heute seine art, doch ist er ruhig –
das instrument, mit dem gewicht von ankern,
er selbst, ganz leicht nunmehr, wenngleich gesichert,
treibt oben auf der glitzernden musik.
nach noten? nie. er folgt der partitur
von staubpartikeln, die durchs zimmer schweben,
und sonnenflecken, längs der wände wandernd,
dem funkeln, das der neckar ihm heraufschickt.
er ist ganz ruhig. in schlechten monaten
reißt ihn das erste licht aus seinem bett
ins freie, und so läuft er bis zum abend,
rupft seinerseits das müde gras vom wegrand,
bis beide hände braun sind (hände, die
all das zu schreiben wußten, aber auch
drei schreinerlehrlinge vermöbelt haben).
er geht von links nach rechts, von rechts nach links,
schwingt ganze nächte lang wie eine glocke
hoch über uns im turm, bis man ganz taub ist.
manchmal vergißt er. aber wenn er spielt,
umkreist er mit der hohen, bleichen mondstirn
trabantenhaft die masse des klaviers.

die finger, die empfangen, und er selbst
sehr ruhig. wenn sie es wünschen, öffne ich
die tür für sie. er ist die ruhe selbst.

regenporträt

erscheint als handkuß, als sanfter stubser,
erinnerungsgischt: denke daran,
wo du herkommst, lurch.

oder galoppierend, als donnernde horde,
dem kaiser zu holen, was des kaisers ist,
bis alles in die hauseingänge flieht
im schutz von zeitungen und aktentaschen:
wer lauschen darf am offenen fenster,
ahnt, daß er zwar trocken,
das wetter aber längst in ihm ist.

der gullys musikalisch werden läßt,
wäsche von den leinen hebt und flüsse
aus ihren betten, den geheimen duft
von erde und asphalt enthüllt;
läßt pilze, moose, weinbergschnecken wuchern,
macht umrisse kenntlich: wo er aufhört,
beginnen wir.

der über land zieht wie ein zirkus,
spektakel und vorhang zugleich,
schnürboden des großen wetter-
und wandertheaters; der den blonden
dunklere haare und kahlen
den glanz von billardkugeln schenkt;
den hühnern ein käfig, der hühner nicht einsperrt.
so oft vorhergesagt, doch keine
kirche, die auf ihm gründet.

für feine ohren noch zu hören,
beugst du dich nah genug hinab,
gesang von buckelwalen, gletscherkalben –
der geysir über nordamerika
läßt von shanghai bis rom die schirme blühen.
in jedem tropfen das ganze buch *wasser*,
partikel, pollen, all der dreck der welt.

auferstehung – die leichteste übung.
schlummert einstweilen in autoreifen
und starrt aus pfützen und zisternen
zurück auf den eigenen ursprung,
derweil die bäume noch stundenlang
vertieft sind in ihr selbstgespräch.

das tröstende rauschen zwischen den sendern,
der wind im künftigen wald.

ein glas milch

das achtel neonröhre,
das immer noch flackert und knackt,
schleicht man die stufen zum keller hinab;

kirchenkerze, ohne altar
und ohne docht, aber leuchtend,
der abgefüllte große wagen;

nachts in der küche vergessen,
prasseln bis zum morgen
die falter gegen die scheiben.

II

nebenan die barbaren

am anfang ein zerbeultes wohnmobil,
nicht mehr, das in der nacht durchs brachland schien
wie radium. die abgerissenen
gestalten, stets flankiert von moppeli-
gen terriern mit alte-männer-mienen.
wir zogen salbei, schnitten unsere rosen.

dann zelte, hütten, das gewittergrollen
von losen wellblechdächern: beide eiben
gefällt, dazu der stolze walnußbaum,
an manchen abenden gequältes bellen,
ein jaulen, johlen, und der qualm von reifen,
der steil in ihren himmel aufstieg. kaum

war es routine, ihre halben haxen
und abgenagten rippchen
vom rasen aufzusammeln, vom rhabarber,
begann die opferung geschmückter ochsen.
und immer öfter standen sie in grüppchen,
sahen mit leerem blick zu uns herüber.

frühmorgens, was sich anhört wie makaken,
wie rituelle
gesänge; dann erneut die komatö-
se stille, unheilvoll. wir denken: mögen
die zäune halten und die alten wälle
nicht bröckeln. und vergebt uns, wenn ihr kommt.

langeland

wir reisten, und die krankheit reiste mit
im untersten koffer, bis ans meer, zu schaffell
und reetdach; nur ein tisch, ein bett zu dritt,
der rätselhafte eimer samt der schaufel.

siehst du sie?, fragte mein vater, siehst du die spinne?
und nicht nur sie, denn egal, wohin man sich
                  wandte, überall waren
                  es glitzernde geometrien,
in büschen, bäumen, gras, während die sonne
wie auf allen kinderbildern von links her schien.

morgen um morgen, ganz als träumte
es einfach weiter, fand man sich von netzen
umwirkt, in allen dünen, rings ums haus,

unendlich, eine wartende armada,
vor die man hintrat, ausrief: wir besitzen,
was ihr verlangt, und rücken nichts heraus.

tanzstunden

einszwei, sagte frau graf und schnippte
mit glühenden fingerspitzen. silbern schuppte

das licht der diskokugel
auf uns herab, noch nicht ganz gigolo

und femme fatale, noch still und bleich
auf unseren stühlen, unschuldig wie die milch,

die insgeheim den zustand butter
herbeisehnt, mit krawatte oder puder

und lippenstift, in strickkleid und blazer,
unbeholfen der fruchtblase

von slowfox oder swing entsteigend,
auf dürren beinen bis zur mitte stakend

übers gewienerte, gewalzerte parkett –
robert zwei köpfe zu hoch für birgit,

susanne doppelt so breit wie pascal,
ein jeder des anderen jahrmarktsspiegel –,

die hände feuchter, fahrig die gebärden,
die schuhe auf einmal drei nummern größer (pardon),

und dann das wirbeln, kreiseln, drehen …
kaum abzusehen,

derweil frau graf auf fünfundvierzig stellte,
wohin das alles einmal führen sollte.

die regel

heute der ältere herr auf der parkbank,
sein blitzartiges niesen, und seine
gattin, die erst sieben sekunden später
»gesundheit« grummelte, donnerte,
neben ihm, aber drei kilometer entfernt.

erinnerst du dich, wie wir, klitschnaß,
uns gerade noch in die berghütte retten konnten,
während draußen die gipfel einstürzten oder
eine zweite schöpfung sich eben vollzog,
wie wir uns lachend von all den klammen
sachen befreiten, ich meine: von allen sachen?
es war direkt über uns.

zu ehren von
samuel finley breese morse,
1791–1872

wir fingen an, sobald die milchkannen
der sterne zu funkeln begannen, frank am fuß
der straße und ich am hang,
schickten über die dunklen tannen
hinweg noch einen letzten gruß
langkurz langkurz lang

mit taschenlampen, im pyjama,
über kontinente und ozeane
von kleingärten, berg- und wettersturz
hinweg, die fehden und das königsdrama
der hühnerställe, grenzen, meridiane
kurzkurzkurz langlanglang kurzkurzkurz

wir beide wenig mehr als ein signal,
ein blinken, ein nichts, aber kaum zu trennen
und enger als eng und chang,
ich auf der kuppe, er im tal,
also seltsam, wie rasch die dunklen tannen
langkurzkurz kurzlang

emporschossen, plötzlich zwischen uns lagen
mit reisen, praktika, diplomen,
mit scheidungen und ehen, mit geburts-
und tauf- und todestagen,
affären, lorbeerkränzen, melanomen
kurzkurzkurz lang kurz

wissend, daß man schon am morgen
sich wiedersehen würde, nach husaren-
träumen, während alles seinen gang
zu gehen hatte, morgen, übermorgen,
in ein paar tagen, wochen, jahren,
über kurz oder lang.

»toastbrot«

für Jan Brandt

immer vorm bahnhof, stets auf der lauer,
er und sein kumpel, »delirium clemens«;
forderten mäuse, zaster, lire.
ich malte, las die schriften golo manns.

schlimmer als bodo moltzow, in dessen vor-
und nachnamen die vokale ruhten,
eingenäht waren, kalt und schwer
wie eisenklumpen in boxhandschuhen,

doch was gab den ausschlag, denken oder tat,
so fragte ich mich, vermögen oder geld,
noch als das weiße, teigige quadrat
seines gesichts bedrohlich vor mich glitt.

alles vergessen in amerika,
wie vater gerne sagte. doch das veilchen,
damit ich mir den namen ewig merke,
wollte noch wochenlang nicht weichen,

da ich an highways dachte, colt und cowgirl,
bis alle felder schlaflos waren von raps;
an jene laibe, die so weich sind, daß man sie
                              mit einer hand
                              zur winzigen kugel
zusammenballt, verschlingt mit einem happs.

das reisen in zeiten der pest

für Sinéad Morrissey

I

auch du hast gehört von den weißen kreuzen
auf türen, kennst die aushänge
von letzter woche, abgerissen am zaun
wie schafwolle im wind.

in grüppchen die bauern, die dich
mit blicken wiederkäuen vor den feldern
aus sonnenblumen im frühherbst – schwarz, gebeugt,
geschlagene heere, rückzugsmanöver.

sobald es dämmert, beginnen die schenken
ein stück überm boden zu schweben
an ihren lampions – du hörst
die feiernden, kreischend wie brutkolonien.
die quacksalber, ihr quecksilber,
und prediger, die aus kisten wachsen
wie haarige, exotische pflanzen.

die krähenlunge hat sich aufgebläht
über dem acker, fällt zusammen
in einem pünktchen aas.

ist dies die rettung oder eine falle?
und wird die erde reichen für uns alle?

II

die karten gibt es noch,
doch scheint das land nicht mehr zu passen.
ein hoheitsgebiet, zwei völker:
die kranken und die es noch nicht sind.

was für zeiten, gestern noch,
als man in jeden neuen morgen kroch
wie eine hummel in die windenblüte!
nun prozessionen, volle dome
und läden, verrammelt mit nacht:
nur bibeln und essig boomen.

du mußt auf zeichen achten, auf details,
die frischesten kerben im schaft des beils,
ein fenster, das sich öffnet,
die irrenden lichter am morgen.

passierscheine, atteste, dokumente –
papier, das aufgefaltet
allein von a nach b gelangen könnte.

wähle zum schlafen das einsamste haus.
bleib deinem schatten zwei schritte voraus.

III

die decke dieser kutsche muß aus eiche
gezimmert sein, so dumpf
klingt das geschrei der spatzen, doch es gibt sie,

und ziehst du den gestickten vorhang
zur seite, siehst du vogelscheuchen
und zirkuswagen, wiesendampf und dörfer,
den uhu, angenagelt an die scheune
wie irgendwelche thesen, ein pamphlet.
was dir der himmel schenkt, ist schweigen
in dichten flocken – die größere stickerei.

am wegrand ab und zu ein totes pferd
mit offenem bauch, die eingeweideorgel
darin. der kutscher hat zu mittag
wohl kohl gegessen, flucht von seinem bock:
ein weg blockiert, die stadt nicht länger
vorhanden, jene route ungewiß.

denk: es blüht die aster
mitten im desaster.

terva snapsi

für Merja Virolainen

was war das? zerberusmilch? oder hatte
man ganze flöze ausgewrungen, tropfen
um tropfen, und in flaschen abgefüllt?

schweigen, stark wie ein kalevala,
und nur die traurigen selbstmörderinnen
sangen in der jukebox vor sich hin.

als würde man eine autobahn trinken;
als ließen sich sämtliche wege hinauf
nach lappland pflastern damit.

wie aber alles haften blieb an uns,
je später es wurde, mit dem froschlaich
geleerter schnapsgläser vor uns auf dem tisch,

merja, olli, jukka – noch einmal
derart imprägniert zu sein von innen,
so lückenlos ausgekleidet mit schwärze,

rufen zu können: schiebt mich, freunde,
hinaus durch die brandung,
ins offene, auf neue ufer zu.

die vasa

irgendeine lehre hält ihr schicksal
für uns bereit, kein zweifel. all die schnitze-
reien, wie gestickt, die reine stückzahl
an göttern, fabelwesen, die geschütze
(zu prunkvoll, ach, und schwer); ihr leib, gewölbt
wie irismuscheln oder abalonen,
ein mast, für den der zimmermann den wald
ganz schwedens sommers, winters mit schablonen

durchmaß, die wolkenfront von segeltuch,
die stockholm mit ins meer zu ziehen droht:
nur augenblicke, seit der stolze bug
den kai verließ, wo tamburin und tröte
sich umeinander ranken, kinder winken und zwei riesen ringen,
sie selbst im unschuldigen julilicht
zu tief im wasser und gefährlich schlingernd;
nur augenblicke, eigentlich ein nichts,

gemessen an der lebenszeit der fichten
für die im protokoll geschilderten
verzierungen, der summe der geschichten
von maat, matrosen, steuermann, soldaten,
gemessen selbst an jener hummel,
ganz summen, die den smutje schier in rage
bringt, während er die kuchen backt, die hammel-
pasteten für die nächsten zwei, drei tage.

elegie

schimmernd setzte der schmetterling sich zwischen tür und rahmen;
schnee jetzt, wind, und des nachts quietscht und quietscht das scharnier.

biber

für Eva Bourke

er mußte irgendwo hier sein, verharrte
als knoten tief im zentrum seines reiches,
betrachtete uns, erstarrt wie wir, häreti-
ker, unbefugte, die von seinen zeichen

nichts ahnten, trotz fernglas und gummistiefel:
die unsichtbare schrift aus bibergeil
auf moosen und auf felsen, stauwälle,
dämme, ein ganzes system, und seine kelle,

die ihn im schatten hielt, auf kurs.
war dies dort seine burg oder ein chaos
von totholz? eher cassis, kastanie? groß
wie warzenschweine oder wie chihuahuas?

der biber ist ein diener zweier welten,
im wasserjenseits, auf dem waldesboden
des hier-und-jetzt, und umgekehrt; ins falten-
gewand der dämmerung gehüllt, ein bote,

ein unterhändler oder fährmann, charon
im mantelpelz auf seiner fahrt ins nichts,
und dieser ganze sumpf sein acheron,
sein styx. die stille hing im fichtendickicht

noch dichter als in sanatorien,
als wir uns fügten, gingen – nicht ein hämmern,
kein specht, nur ringsumher die sanduhren,
ihr rinnen, leuchten an den schwarzen stämmen.

in bergen

in bergen, hangwärts, in der nils klims gate,
im ersten stock vom siebten oder achten
holzhaus, weißer als ein kakadu,
wo hinterm fenster sich die frau betrachtete im handspiegel, die augen schminkte,
und den nicht sah, der *sie* sah, daran dachte,
wie wir noch leuchten, kurz bevor wir welken,
und dann fiel schnee in feuchten, dichten flocken.

norden

für Asbjørn Stenmark

aufs postschiff zu warten an einem fjord,
der tief ins land greift, weit hinab bis walhalla,
unter den bergen, wo die rentierfährte
im schnee zu schnapsgläsern erstarrt; wo alle
welt nur zeit ist, der tag das verirrte
talglicht in einer riesenhaften höhle

oder ein tag nie endet. weil das schiff
alles erwachen läßt, sobald die mole
geküßt ist, nicht bloß den salzigen stockfisch
der zeitung bringt, vielmehr als metropole
das rote holzhaus löscht, den gin bringt, den jive,
die bunten lampen und die tanzkapelle.

aufs postschiff zu warten, schon wenn es im milchi-
gen dunst die taue löst, um abzulegen.
und wieder nichts als diese orgelkelche
von eiszapfen, unterm schuh die krachenden algen,
die dunkelheit. so still – du hörst die elche
das salz von den vereisten steigen lecken.

III

flamingos

für Federico Italiano

sie landen nicht – sie erscheinen
in unserer graueren welt. kein wunder sodann,
daß sie mit jedem hals ein fragezeichen
an alles fügen: ecuador? sardinien?

der gürtel schilf im rücken? die lagune?
wie sie ihr rosa paradieren, schaulau-
fen; wie sie schreiten und dabei nach algen,
almosen fischen, eine bettlerschale

als schnabel, jeder singular
zur kolonie erblüht, bis alles schläft
auf einem bein, als hielte ein jongleur
gleich hunderte von tellern in der luft.

am nächsten morgen fort. der himmel hält
dem see die eigene leere vor, dem rahmen
der ufer: über nacht herausskalpellt
das bild, längst ausgestellt in fremden räumen.

karl VI.,
genannt der wahnsinnige,
begibt sich zu bett

»… that they are all glass, and therefore will not suffer
no man to come near them …«
Robert Burton, *The Anatomy of Melancholy*

einmal im garten flog
ein stieglitz gegen mich,
fiel tot zu boden. niemand sah,
wie ich den kleinen körper mit dem fuß
zum rhododendron schob,
ich aber wußte.

nicht ballspiele noch hunde
in meiner nähe. dafür decken, viele,
und eisenringe, eingenäht
in meine kleidung. niemals wutausbrüche,
ich klirre nur ein bißchen. und ich wünschte
vor langen reisen mit der kutsche, selbst
in eine jener kisten voller butter
sinken zu dürfen, sicher anzukommen
mit dem geschirr, dem porzellan.

zerbrechlich, sagen sie, zu sprunghaft
und leicht durchschaubar, aber wie denn nicht?
gedanken durchrieseln mich wie eine sanduhr.
morgens werde ich umgedreht,
und alles beginnt von neuem.

am tag, der kommen wird,
vom höchsten giebel des hôtel-saint-pol
hinab zum volk zu stürzen – splitter
für jede sohle frankreichs, eine spur
von blut und jammer
bis in die letzten winkel meines landes …

ein hauch nur, isabelle,
von deinen lippen, schon beschlage ich.

an den regengott chaac

nicht eine wolke über yucatán,
morgen für morgen nicht einmal das schimmern
von tau im gras; in ihren staubjacketten
die sisalpflanzen, sämtliche schamanen

längst heiser von beschwörungen, gebeten,
und nur vom flußbett das gequake
der jungen, die vorm rinnsal wie die kröten
zum sprung gekauert sind: *cha-ac, cha-ac.*

launisch wie alle götter, unser durst
dein weihrauch; abgezehrte, braune ochsen,
raschelnd wie alter farn, und tief im karst
du selbst, in deinem wasserloch hockend,

weit unter uns, ein schwerer steinerner mond,
der über die gezeiten herrscht von mais
und nichtmais. bilder zeigen deinen mund
als schwarze pfütze, malen dich mit reiß-

zähnen, darüber eine art von rüssel,
und beide hände trotzig auf den vasen
aus ton, in denen hagel, graupel, niesel
wie eingesperrte bienenvölker rasen.

wie wirst du kommen, wenn du kommst? als schwung,
als schwarm mit dem klatschen tausender silberflossen?
mit donnersohlen, oder mit dem klang
von nackten kinderfüßen auf den fliesen?

potamotrygon rex

erstmals ans licht gehievt zum gewaltigen gähnen
von regenwald: aus der gattung der stachelrochen
dein platter körper, braun oder purpurn,
beschlagen mit punkten von gold, mit tupfern, spänen,
und jetzt an bord von jacques und john und jorge
umringt wie der rundschild eines barbaren,

geschmiedet vom fluß, von den jahrtausenden
deine perfekte, lebendige bronze,
oder als starrten sie in einem brunnen
die sternbilder an tief unten, die rasenden
plejaden und das haar der berenice.
sechs, sieben forscher, rot vom brennen-

den mittag, dem widerschein des tocantins,
die sich umarmen, die bärtigen wangen küssen
und in ermangelung von schampus
ein warmes äquatorbier teilen, gar ein tänz-
chen wagen, bevor sie dich ziehen lassen
jenseits von schilf oder bambus,

anders als die himmelsscheibe von nebra,
die fernere cousine, nicht geschändet
von räubern, sondern vorerst unbeschadet
zurückerstattet deinem tenebrae,
dem schlamm, dem strom, bestückt mit einem sender,
fotografiert: zu wissen, daß du da bist.

erinnerung an medellín

war es nicht so: auf jedem kargen
wellblechdach ein hahn, der seine rote
kammblüte trieb, ein mann namens carrigan
oder carter, und im graben eine tote?

die zeitungsjungen, die dir mister, mister
nachriefen und sich kichernd in luft
auflösten; ein, zwei eselchen, der maistor-
tilla- und der süße krapfenduft;

die rabengeier, die als ascheflocken
über den anden schwebten,
ein grüner, gütiger verband aus fliegen,
der sich auf das geschwür des alten legte,

und jene inkafrau, die auf dem schlauchboot
der eigenen beine saß am bolivar-
oder boteroplatz, ihr angebot
von wundersalbe und von gottespulver?

sicherlich dröhnten, dieselten die chevrolet-
busse, aus ausrangierten regenbögen
zusammengenietet, deren chauffeure laut-
hals sangen in den engen biegungen

von santo domingo, am flußufer schrubbten zwei schwestern
die laken schmutzig. doch alles entglitte
ohne die schuhputzer samt ihren werkzeugkästen,
farbiger als ein fruchtbarkeitskult,

die jeden herrenslipper mit der bürste
polierten, bis er glänzte wie ein stern,
verglüht, verkohlt, zu einem punkt gepreßt;
wie ein brikett; ein granadillakern.

geiersuite

rot wie neugeborene die köpfe,
weil ewig jung ihr hunger ist.
so kreisen sie.

riechen meilenweit und zielen
genau ins nadelöhr der verwesung:
ihr paradies ist das rupfen und zerren
an sehnen und an fleisch.
so kreisen sie.

aufgestiegen als rauch von den brennenden
wagen der siedler, erwarten sie,
sich wieder senken, sinken zu dürfen,
zum kreis, einem kränzchen zu finden,
tee-und-tantenhaft, hüpfend;
rufen: palaver, palaver, kadaver,
über den fischmärkten, über den halden
und highways, vertrauend auf autos
und sechzigtonner, ihre komplizen;

für dich, der kurz ihren schatten spürt
als mahnende eklipse, nur einen
infarkt entfernt davon, ein teil
von ihrem system zu werden, vielleicht
die einzige aussicht auf himmelfahrt.

so kreisen sie.

panther

wie er mit unentrinnbar weichen pfoten
    um ecken gleitet, während sein gebrüll
in allen knochen bebt; wie er den boden
    mit jedem feinen riss darin wie braille
betastet und verinnerlicht, sein leib
    mit allen gliedern schwärzer als ein barrel
von rohöl; räuberisch, ein alibaba,
    der keine vierzig andern braucht und prall
von springbock und okapi zwischen gras
    und schrott, in einer ecke des april
erneut erstarrt zu einem steifen kreis
    aus schlaf, zu diesem reifen von pirelli.

moules et frites

nichts kommt ihnen gleich
im sud aus schalotten, öl,
aus thymian, wein,

nachgiebig im tod,
bereitwillig sich öffnend
zum winzig kleinen

sonnenaufgang von
fleisch, zart wie gaumenzäpfchen
im schwarzen oval;

meerkastagnetten,
miniatursteinways, alle
auf hochglanz poliert

den virtuosen
erwartend. also nimm sie,
nutze die erste

schale als zange
und packe die kostbarkeit
im innern, das herz

für die götter; erst
klösterlich am pfahl, nun ein
festmahl für arme –

so brechen sie auf,
geben alles preis, kohle-
briketts mit glutkern,

fäuste von minen-
arbeitern, die den nugget
kurz funkeln lassen;

noch leer im teller
prachtvoll schimmernd wie pillen-
dreher; magneten,

um den pol gedrängt;
ein letztes mal klappernd, ge-
spalten wie hufe

übers porzellan;
ruhen dann im weiß, eine
trauergemeinde,

schirme aufgespannt,
während die finger duften
und kleben und auch

du dasitzt, seufzend
am tisch, mit vollem mund, mit
vollem maul. et frites.

die trüffelkriege

für Aleš Šteger

geschenkt, daß er die fußballgroße knolle
zu gold machte, sich die schalen sämtlicher waagen
zu ihm hin neigten. aber die kanaille
wollte bewundert werden und verfügen –

kein strick für *sein* viech, dafür eine kordel
aus samt und eine decke aus mohair;
hielt seinen hügel für die kordille-
ren, für ein zepter noch die krummste möhre.

schweine sind zarte wesen, ihre seele
wippt nach im ringelschwänzchen; derart fein
das herz, daß schon ein knall, ein bißchen chili-
gewürz es kappt. schweine soll heißen: *sein* schwein.

ich kippte dosen mit discounterpilzen
ins futter, spüli in die wasserschalen
(sobald es rülpste, stiegen seifenblasen
im wald auf, schwebten träge durch ihr schillern).

erst pfeffer, dann ein päckchen juckpulver
auf seiner schwarte, abführschokolade
im trog und jene rätselhafte bleiver-
giftung – bis die sache eskalierte:

er untergrub mein stroh mit brombeerzweigen.
ich tränkte seinen stall mit spiritus.
er streute nägel aus, mit reißzwecken
gemischt. ich investierte mein erspartes

in hundepfeifen, er in kirschlikör
und schlaftabletten. ich der schnellbeton
im schlammloch, er die anonymen schläger.
das blasrohr. luftgewehre. blechtrompeten.

ihr fragt: wer sind die männer, die in hütten
in eichenwäldern hausen, selber eicheln,
gesichter, braun und hart, bedeckt von hüten
gleich umgedrehten, großen suppenschalen,

wie eremiten, irre, reniten-
te greise? aber ahnt nichts von der kunst,
die man nur langsam lernt, wenn überhaupt;
        und was wir ernten
(selbst wenn die muse borstig ist und grunzt)

ruht zwischen porzellan und goldkaraffen,
begehrter als smaragde und rubine.
(man muß mit allen fingern danach greifen,
es dann zu feinen, feinen scheiben reiben.)

fliegen

ausgebrütet von langeweile und trägen sommertagen: ein ausbruch, ein irrsinn, der tobende dachboden, als du die luke öffnest – als stiege man durch ein loch in der heide direkt in den kopf von king lear.

gerümpel, schrankkoffer, kleiderpuppen: ein pharaonengrab, luft aus den quadern der pyramiden. und sie, ein punktuelles rasen, ein kurzes verharren am glas, die winzigen händchen reibend, als liefe alles nach plan.

einzeln erträglich, wenn auch lästig. doch wehe sie erkennen, wehe sie wissen, wie machtvoll ihr dunkel im bunde ist – dann gibt es kein fenster, nicht juli, kaum welt mehr. schließe die luke; trag sorge.

grüner spargel

nicht weichlich wie sein edlerer cousin
in weiß, vielmehr geschuppt wie ein reptil,
ein echsenschwanz; nicht von gemalten, küssen-
den mündern aufzuschlürfen, niemandes erbteil,

von herberer natur und eher beim prasseln-
den öl zu finden, im gedröhn der schenke,
als im salon bei all den porzellan-
gesichtern, zwischen pomp und silberzange;

ein pinsel, würdig meistern des barock,
der alles einfängt, gosse, garten, park,
ein stilleben mit austern und geranien,

mit fisch und früchten, krügen und fasanen,
die schlachtgetümmel, landschaftspanoramen,
länder, meere, himmel – alles in grün.

de vita caroli quarti

»Herr, steht auf, der Jüngste Tag bricht an,
denn die ganze Welt ist voller Heuschrecken!«

wir ritten bis nach pulkau, um das ende
der welt nicht zu verpassen, und schon mittags
fiel nacht auf uns herab – als würde
alles, was ist, in einen sack gesteckt,
verschnürt. von fernher drang das fiepen
der glocken aus den dörfern zu uns durch.

ein lärm, der jedes selbstgespräch
erstickte, jedes stoßgebet, ein tosen,
ein schwarzer schneesturm, selbst als schon ein teil
gelandet war (wenngleich der himmel
nicht wiederkehrte) – wie das kratzen
von tausenden von federn auf papier,
ein rasendes skriptorium. die pferde,
bis zu den knien in insekten, wiehernd,
und diese selbst ein staunenswertes uhrwerk
dem hunger, eine gierige mechanik.
wir standen ratlos da,
jeder von uns geplündert wie ein rom.

ob da noch vögel waren? keine vögel,
kaum licht. und jedes schwein und jeder köter,
der sie zu fressen wagte, in sich aufnahm,
krepierte binnen stunden.

drei jahre wird es gehen.
drei jahre mit dem krachenden harsch
von flügeln unter den füßen und von panzern,
die ganze schöpfung gegen uns gerüstet,
ein lebendes kettenhemd auf jedem
feld, herr. sie vermehren sich des nachts
wie dunkle wünsche, unnatürliche
gedanken; wir erheben uns am morgen,
kahl wie die erde, wie geschändet, herr.

IV

dschunke

abend für warmen abend der pirat,
der quer über den himmel kroch, den krumm-
dolch im maul, und die pirouette
von fledermaus ums heck, ein später kormo-

ran. weißt du noch, wie wir als leguane
der sonne folgten, glitzernd mit jeder paillette?
zu jeder mücke sprachen: mücke, leg an
an diesem weiten kontinent aus blut

und trinke? inseln, bis zum horizont
gestreut, zikadenuhren, die gesänge
von affen. und des nachts, wenn wir den mond
des lampions dicht übers wasser hängten,

die tintenfische, die nach oben schwebten,
wie große motten unterm meerglas klebten.

bengalisch

ob du ein sammler bist vom wilden
honig, ob du ein gerüst aus bambus
durchs dickicht wuchtest oder die gefällten
sundaribäume, die pompöse

sänfte des maharadscha – achte weder
aufs zelt aus mücken noch auf die mangroven,
an stelzen überm schlamm, zimtdommelfedern
und früchte, die wie leuchtende karaffen

auf ihren zweigen stehen; achte
nicht auf die ströme, immer mehr verästelt
ins namenlose, während die machete
den dschungel in exakte hälften teilt,

sondern aufs hungrige, das unmäßige,
das irgendwo ins tiefste grün gekauert
auf seine chance lauert: laß die maske
am hinterkopf, solang die reise dauert,

die zwei gemalten augen aufgerissen
ruhen auf dem, was hinter dir liegt, was du zurück-
läßt; rechne mit dem sprung, dem stinkend heißen
atem an der schulter, dem biß ins genick.

python

hunde kann jeder, katzen, sittiche,
doch schlangen? hier ist deine, möbiusband
und knäuel, eine ziernaht, stich um stich,
ihr fleckenmuster eine lavalampe

im eck, die träge wabert. drei, vier hühner,
schon folgt sie dir überall hin, auf einen grappa,
zum park, ins kino; alles wird zur bühne.
an einer seidenschnur, um deinen körper

wie eine tuba, wie ein sousaphon;
auf deinem beistelltisch, der beigen
couch und in der badewanne, wo sich überm seifen-
schaum nur die beiden nasenlöcher zeigen,

die graupelaugen, die nicht schmelzen werden;
partyspiele mit freunden – rate
das mahl anhand der form: ein schaf, zwei pferdchen?
okapi oder ziege? onkel rudi?

wie sie sich auftut, über alles schiebt,
wie sie sich enger als ein leder-
handschuh an die dinge schmiegt,
ein jedes in sich aufnimmt – dein begleiter

auf viele jahre. aber aufgepaßt,
wenn du erwachst und deine neue muse
sich neben dir ausstreckt, lang und steif wie ein ast.
sie ist nicht tot. sie schläft nicht. sie nimmt maß.

an wu daozi

für Horst Claussen

für eure bilder an den klosterwänden
berühmt – weil man die gischt von wasserfällen
zu spüren meint, ist man nicht ganz verroht
und stumpf. wo eben noch ein reiher stand,
sind es gezeitenwellen oder boren,
den teppich eines flusses aufzurollen; wo ein last-

tier, lama oder yak, den blauen ballast
von himmel trug, an steilen schieferwänden
vorbei, wird nun im schnee ein lamm geboren
als schnee und dampf. man kann im wald das fällen
der bäume hören, riecht auf seinem hochstand
die müdigkeit des jägers, zieht vom rot

der frühe bis zum ersten abendrot
durch eure ebenen, bis jede last
als nebel überm schilf steht, der verstand
sich selbst mißtraut, gegen sich selbst zu wenden
beginnt. genie sei in den meisten fällen
bloß handwerk, sagen sie, und angeboren

höchst selten. doch aus welchen farblaboren
käme ein kirsch-, ein scharlach-, karmesinrot
wie eures? und mit was für einfällen
schmückt ihr zu guter letzt selbst den palast
des kaisers, laßt auf dessen kalten wänden
die pflanzen wuchern, vögel, wildbestand,

während die zuschauer von jedem stand
dem pinsel folgen, euch mit fragen bohren,
mit lob verwirren oder einwänden,
fürs blau ein rosa fordern, gelb statt rot.
farben sind stumm, die menschen eine last,
ob sie mit seidenröcken oder fellen

bekleidet sind, ein weises urteil fällen
oder strohdumm sind. weshalb ihr mit anstand
die eine welt für eure welt verlaßt:
ihr geht aufs bild zu, an hochwohlgeboren
vorbei (sein yakfilet ist zart und rot),
als gelte es, details euch zuzuwenden,

verschwindet dann in wasserfällen, wänden,
und werdet selbst palast, haltet den bohren-
den blicken stand. zuletzt noch feucht: das rot.

seide

für Eberhard Häfner

nachdem es ihnen nicht gelingen wollte,
vom brot den schimmel, nachts im forst
den mondschein von den weihern zu falten,
nachdem die spindel sich dem ersten frost

verweigert hatte, nicht der dunst am rand
von wasserfällen noch der nebel auf den feldern
   sich zu ballen
fügten, gaben sie auf und hüllten sich murrend
in ihre wirkliche, kratzende wolle.

–

herrlich ist es, freunde, unter maulbeerbäumen,
die es nicht gibt, zu liegen, bambusbier
und reiswein trinkend ins gezweig zu gucken,

unter versponnenem zu säumen,
bis dampf vom becken steigt. dann gehen wir,
öffnen wie winzige briefe kokon um kokon.

–

morgen dann schießpulver oder papier.

die samurai

was sie in ihrer pracht uns sagen wollen,
ist ihr geheimnis: wie aus dem karbon,
aus dunkelsten meereswellen
heraufgewanderte riesenkrabben,

deren gehäuse an atlantikstränden
gefunden werden,
oder die anzüge von astronauten,
zu unbeholfen und zu fremd auf erden.

so viel kunstsinn für all die massaker,
die alten schlachtfelder von nippon,
und jede mimik versteckt hinter der maske
von dämon oder gott. die schmetterlingswappen,

der seidenrock im kaiserlichen stil;
die blüten, chrysanthemen oder malven,
noch immer blüten, doch die häupter hohl,
die münder klaffend, als hielten sie maulaffen

feil, als staunten sie, müßten über uns lachen
beim schlußverkauf, im streit, zur rushhour.
all die pflaumenbäume, die goldenen drachen,
geflochtene bärte aus bärenfell oder roßhaar,

das dottergelb, das erbsen- oder laubfrosch-
grün, das leuchtet, leuchtet, mysteriös
bleibt! und versteckt am rand des wie ein pfirsich
geformten helms: die signatur des meisters.

hommage an die hände
von aki takase

die sich niederlassen auf den tasten
wie zugvögel, die wissen wollen:
ist es afrika
oder noch nicht;

deren rechte wandert, wenn linker hand
im fluß die mollsteine rumpeln und rollen;

die sich vorm abendpianissimo
wie blütenkelche zusammenziehen;

zwei büsche
zwei büsche, über die
zwei büsche, über die prärie
zwei büsche, über die prärie getrieben;

zwei nackte weiße krabben
in ihrer steinway-tiefsee,
die das gehäuse wechseln,
vollkommen ungeschützt und nicht zu fassen.

krücke

es ist, wie es ist: dreiviertel stuhl
geworden, mußt du dich bewegen, humpeln,
um nicht an jenem tisch zu enden, still
und schwer und kalt im eßzimmerdunkel;
oder, kommt herbst, kommt winter,
als vogelhaus in irgendeinem garten
zu warten, bis sich meisen oder gimpel
versammeln, körner picken und karotten.

wie plötzlich man durch sämtliche etagen
der evolution stürzt, sich wiederfindet
bei spinnenartigen und taschen-
krebsen – und nun siehst du all die blinden,
die krüppel, teil der großen bruderschaft,
mit einer krücke, mit zweien, links
und rechts als scheren, tastend durch die stadt
wie hummer am grunde des wassertanks

im restaurant. und du, ein christophorus
mit leeren schultern, der sich durch die flut
kämpft, schritt um schritt veraus-
gabt, jedes innehalten eine wohltat –
abends, mit der sonne im nacken,
wirst du der schrecken der kleinen und klein-
sten, darfst an der hauswand der riesige schatten
mit dem satyrhuf aus hartgummi sein.

dürers rhinozeros

kam nie bis zu dürer, wurde nicht von dürer
getätschelt, nicht verwöhnt mit kopfsalaten –
der meister sah es nie. ein märtyrer
der kunst gleichwohl: geschenk von einem sultan

der kolonie für seine majestät
in portugal, von bengal oder assam
an bord der *nossa senhora* in einem spinnweb
von käfig, neben ihm sein wärter ocem,

der mürrisch seine kichererbsen mampft.
ein dämon oder urvieh: noch eben in noahs
arche, nun hier; wie es schnaubt und stampft
zwischen den säcken mit kardamom, anis

und kümmel, mit kurkuma oder zimt,
die erstaunlichste beschlagene kiste
von all den kisten und fässern, ein band aus samt
am hals, ein goldring rund ums horn, das blitze

wie magisch anzieht (so die leichtmatrosen,
die seine nähe meiden). afrika,
im sternbild der azoren dann nach dreizehn
wochen auf formloser see vor anker im viereck

von hafenbecken, plätzen und manegen
(durch ganz europa fliegen, flattern skizzen),
schließlich erneut aufs schiff, unterm jubel der menschen
weiterverschenkt ans oberhaupt der christen,

ein gegenbild sämtlicher engel
mit seiner *farb wie ein gesprenckelt schildtkrot;*
von sultan an könig an papst, vom dschungel
zum meer, vom meer zum sturm zum tod;

und so verschwindet es im tobenden quarz
der wellen, wie zum hohn genau vor la spezia
(*la spezia*, ital.: das gewürz),
mit kardamom und allem. schäbiger als putz-

lumpen ist es die haut des tage später
vom strand geklaubten leichnams, die zurück
nach lissabon kehrt. dann? mit hanf vernäht,
gestopft wie eine puppe; abermals nach rom geschickt;

von einem untersekretär vermerkt, dorthin gepackt,
wo alles vergessen lagert,
nur mehr ein leidlich amüsanter strohsack.
und welche ungerechtigkeit darin liegt,

daß es nach wie vor verschollen ist, irgendwo
auf dem vatikanischen subkontinent, verstaubt
ein indien tief in den archiven ruht,
während dürers wesen immer noch stampft und schnaubt.

die augenwende

im jahre sechzehndreiundvierzig kamen
der lindenholzmadonna
am rosenkranzaltar zu rottweil
die tränen – kein wunder

angesichts von brennenden feldern,
der blutgetränkten luft, von pulverrauch
und all dem wehgeschrei, daß noch im himmel
die scheiben der vitrinen leise klirrten:

zwei schalen eines wasserspiels,
geriet ihr augenpaar ins kippen, floß
sie endlich über wie die pyramide
von glaspokalen beim champagnerfest.

betrachte ihre halbmondbrauen,
das schwanenlilienneuschneeweiß von hals,
ihr schweres goldgewand, in dessen falten
die engel jauchzend schußfahrt üben könnten;

das backfischrouge auf ihren unschuldswangen,
verschonte hände, die fast kecke nase,
und hinter ihr der strahlenkranz,
der aufgeblüht ist wie ein pfauenrad.

seit sechzehnhundertdreiundvierzig
nichts – kein wimpernzucken, nicht ein tröpflein
am lid. nur ihr wie sinnend
nach links geneigtes haupt, ein blick, der dir

durchs kirchenschiff zu folgen scheint; nur wechsel
von licht vor hohen fenstern von
epoche zu epoche,
das echo einer schweren tür und schritte,

die rasch im säulenwald verhallen,
ein kühler wind vielleicht. der pegel
der gnade, der so langsam steigt. es könnten
holzwurmlöcher sein in ihrer brust.

schiebewurstblues

für Hannelis

die zeiten der knappheit, die jahre aus mangel,
und nur der eisengott der wäschemangel
im keller – aus das grauen, das gerangel,

der krieg. kaum brot, noch weniger belag,
und was als scheibe auf den scheiben lag,
begann zu wandern, schinken, cervelat,

zog rasch vorbei in abendlichen riten:
mondphasen aus lyoner, meteoriten
aus presskopf über roggen-stern-gebieten,

ein fettschweif von kometen, jene sonne
salami, die versank, dann statt der sonne
nur pumpernickel, dunkler als geronne-

nes blut und zäh wie alte lederschläuche,
das knurren leerer astrologenbäuche.

erinnerung an die siebziger jahre

jener nachbar, der durch die straßen irrte,
kopf im nacken, immerzu wackelnd, wie ein
eskimo die nase an wolken reibend –
    gab es ihn wirklich?

herbstlicht, in den wohnzimmerfenstern erst ein
glimmen, dann das lodern der tagesschau; der
saft der reifen pflaumen am baum begann in
    wespen zu sprechen.

wer ließ alles gleichzeitig in der welt sein?
aus dem nylonhimmel der wäscheleinen
flattertanzten strumpfhosen wie die haut des
    bartholomäus,

gräser tobten rund um mein rad, und hinterm
hügel pochten, pochten die tennisplätze.
telefone waren vor allem stumm in
    jener epoche,

blühten nacht für nacht auf den beistelltischen
kühl und weiß wie seerosen, und das eine
kabel hing ins dunkel hinab, hing bis zum
    schlammigen teichgrund.

church avenue, postkarten

schaue ich morgens aus dem bad,
erscheint die sonne. blicke ich
am abend durch das küchenfenster,
färbt sich der himmel rot.
wenn ich verschlafe,
bleibt alle welt im dunkel.

–

auf jenem sofa in der ecke
hat schon george washington gesessen,
wie auch sein großvater
und urgroßvater. sind es sechzigtonner
oder geschützlärm, was die teller
und tassen in den schränken klirren läßt?

–

um mitternacht schüttelte sturm das gebäude
wie ein ungeduldiges gör sein geschenk.
gleich, welche nummer man wählt: das telefon
erreicht nur einen einzigen kerl,
der mal um mal wütender wird, der wächst
und wächst, nur allzu bald vor meiner tür steht.

–

sechs stühle hat der esstisch, einen
pro tag. kommt sonntag, muß ich hungern.
und so dünn sind die scheiben
des hauses, daß ein vogel quer
hindurchfliegt, erst zwei gärten weiter
tot zu boden fällt.

bandicoot

hat sich den ganzen weg von ostaustralien
mir in den sinn geschnüffelt: bandicoot,
noch eben weiter weg als sütterlin,
nun nicht mehr zu leugnen, ungebändigt,

doch weich; nicht zu verwechseln mit wallaby
oder opossum, miniaturanubis,
spritzbeutelschnäuzig, hüpft aus dem erdgewölbe
voll wurzeln, beeren, all dem anderen nippes,

von eukalyptusdüften überragt
und regenwald, das fell wie mit lakrit-
ze übersprenkelt, hoppelt, schmiegt sich, birgt

nach all den jahren, den jahren, die dann noch kamen,
was tief im dunkel meines kopfes lagert,
den schatz, das wort, die nuß, seinen winzigen namen.

die besuche

wie oft die toten im traum nach uns sehen,
so daß wir am morgen mit schweren lidern
und schwach entfacht in der herbstkälte stehen
wie antiquierte gaslaternen.

und was man nicht macht mit ihnen – lauscht streichquartetten,
ißt erdbeertorte mit butterstreuseln,
betrachtet gemeinsam die bronzeplaketten
an ihren alten häusern,

bis sie vorwurfsvoll den hirschkäfer kontrollieren,
den sie als uhr am handgelenk tragen
(von irgendwo ein kuckuck oder specht),

und alles verschwindet, durch schlote, durch türen,
sie wo auch immer, wir in all den tagen,
die uns noch bleiben. wir machen es ihnen nie recht.

V

streichholz

i

eines klappert noch
in der schachtel, gehütet
wie ein erster zahn.

ii

dann angerissen
in dichtestem dunkel: ah!,
hier bin ich. war ich.

die blackbeard-interviews

die toten? sicher zieht da eine wachsende
schar von geistern hinter jedem heck her
wie eine nebelfront; vielleicht aber möchten
sie diese frage lieber den haifischen stellen?
barbados niemals, nein. eher madeira
als rum, was mich betrifft. der augenblick,
in dem der fuß das fremde deck berührt,
der sprung von schiff zu schiff, und nur idioten
schwingen sich an einem seil hinüber,
werden aus der luft gepflückt wie tauben.
ich korrigiere: trauben.
und papageien – ach, die papageien …
es ist, als wäre man auf einer sandbank
gefangen, leise hin- und herbewegt,
das meer im blick: man kann nicht anders. aber
wem sage ich das? meine konzertsoirées
sind pulverdampf und schreie, mein vermächtnis
all die versenkten schiffe auf dem grund. man spricht
ja immer sozusagen mit einem messer
zwischen den kiefern, versuchen *sie* mal, so
zu pfeifen; doch vermutlich haben sie
auch nie den pockenrumpf eines dreimasters
mit ihrem gesicht geschrubbt. vielleicht den schnee,
die kirchenglocken früh am neujahrsmorgen,
ich weiß es nicht. den duft von reifen birnen.
nicht reue, eher dieser lange enter-
haken, der sich hinter meinem rücken
vorschiebt und mich irgendwann, gewiß,
berühren wird an meiner schulter, kalt

und unbarmherzig. ja, die schwülen nächte,
das hängemattenstöhnen, fiebermonde,
von zahnpflege ganz zu schweigen. nein,
nicht captain, sondern commodore,
und das vergnügen war ganz meinerseits.

ansprache an die kaiserpinguine

auch ihr müßt verschwinden, eher sogar
als wir – wenngleich nicht früher als der freund,
von dem ich abschied nahm am busbahnhof,
und dem die krankheit kopf und nacken tief
zur brust hinunter schob, so daß er dastand
wie ihr. wie ihr, im kargen südpolar-

licht, das sein eigelb über federkleid
und latz verteilt, im frack, der von der leere
sich abhebt, all dem weiß, dem schelf- und packeis,
und jeder einsamer als ein pik-as;
wie komiker aus der stummfilmära
der schöpfung, harold oder hapag lloyd,

die dort, wo nichts mehr sein wird, weitertrotten –
kein eisberg, hell wie ein countertenor
singend in seinem kristall, keine kolonien,
kein lärm, nur junges meer, skyline um skyline
monströser schiffe, tausender container
auf schnellsten, bislang unbekannten routen

von hafen eins zu hafen zwei.
harrt aus, derweil die weibchen noch nach krill
und tintenfisch jagen; drängt euch zusammen
zu ganzen staatsbegräbnissen im jammern
von sturm und dunkel; wärmt wie einen gral
auf eurem fuß das eine, heile ei.

auf inchkeith zu

»… and provided them with everything they would need for
their nourishment, food, drink, fire and candle, clothes,
and all other kinds of necessities needed by man or woman.
He was desirous to discover what language the children
would speak when they came of proper age.«
Robert Lindsay of Pitscottie,
The Historie and Chronicles of Scotland

zwei ohne jede schuld und eine magd,
die von geburt an stumm ist – andernorts
der erste satz von kneipenanekdoten
oder von heiligenlegenden. backbord
das gischtgebrüll, voraus die sturmbenagten
klippen und die magd, der, wenn sie etwas sagt

oder zu sagen scheint, der gaumenstummel
im mund springt wie ein hering auf der mole.
»waldige insel« – eher der letzte brocken,
den gott gelangweilt fortwarf, eine meile
von einsamkeit und nebel, ungeborgen
wie wracks am grund. und dieser schieferhimmel.

sprache ist, wenn ich danach mein fährgeld
in händen halte, wenn mir eine faust
den seemannsknoten knüpft. wie etwas heißt,
entspricht ihm, denke ich, derweil ein west-
wind weitere zerfetzte möwen hisst
auf diesem tiefen reich aus salz und kälte.

wie werden sie sich äußern, vor der magd,
dann aller welt? mit engelszungen, brandungsrauschen?
knacken von glut, gewitter, dem geläute
weit weg bei gutem wind? wird einer knirschen
wie strandkies unterm fuß, während der zweite
wie diese abgezehrte ziege meckert?

cairn

murmelt sein steingälisch,
aufgehäuft, um zu sagen:
es gibt einen weg, wo kein weg ist.

sein mineralisches gewand,
verziert mit fliegen,
der geschmeidigen brosche

eines geckos: kieselgott,
berggeist, heimliches zentrum
der steinadlerkreise, blitzevertilger …

füge ein steinchen hinzu
(fußlahm und verschwitzt,
vom eigenen rucksack zuschanden geritten),

auf daß er zu deinem werde;
geh links vorbei oder rechts,
ein anderer wanderer.

das königliche botanikbataillon
erläutert seine strategie

für Maria Barnas

brombeeren hinter der grenze, ranken
und nesseln, die auch schmetterlinge lieben
bei ihren geheimmanövern;
stechginster, kletten und ein, zwei legionen
liguster; eichen für den herbstbeschuß.
wo schilf, die lanzen seiner selbst
geschultert, stetig richtung schlick marschiert,
im dunkel der teiche und flüsse, wartet
ein hinterhalt von algen auf den feind.

keine haubitzen – berberitzen
sind unser metier, statt mörsern mäusedorn;
eher muskatnuß als musketen
und malven, salven, malven!

tiefer im land halten kirschen die stellung,
süß und verheerend, denn jede fünfte
ist toll. und nichts erscheint weicher
als unser moos im schatten der platanen:
wer immer hier fällt, bleibt liegen.
nicht bajonette aufzupflanzen,
bergamotte umzupflanzen – das ist die kunst.

beinbrech, scharfer mauerpfeffer,
schwertlilie, spießmelde, dreizack
und sichelklee, eisenhut, mannsschild,
wirbeldost, stinkrauke, klappertopf
und pfeilkresse, leimkraut, pestwurz
sind teil des großen gartenarsenals.

rücken sie dennoch ein in die von farn
versteckte stadt, mit lärm und kriegsgerät,
dann reicht ihnen rosen, den stiel voran,
laßt uns das schleierkraut.

löffel

er war schon da, nun bist du sein,
vielleicht nur deshalb herbestellt,
um ihn blitzblank zu lecken –
schon hängt dein spiegelbild hinein
in seine welt
wie fledermäuse von der höhlendecke.

einmal gedreht: ein kind
im einweckglas, mit wasserkopf
und dicker als mangroven
der arm, während ein wind
die äpfel von den bäumen klaubt, der topf
mit suppe spuckt und puckert überm ofen.

wie er dich steif mit seinem kalten
visier betrachtet, aber immer weiter
mal karg, mal üppiger entlohnt;
wie er ganz glatt bleibt, ohne falten,
ein silberschein, dein ständiger begleiter,
dein mond.

die ibisse des kranykus

so anton wriggers' antwort auf die frage
nach schillers werk, bevor er sich an schande
und schimpf vorbei, quer durch das tischeviereck,
die schneise bis zurück zum sitzplatz brannte.

noch heute sein gesicht, das ferne glimmen
ein rot von fingerhut und maulbeeren,
selbst jetzt, selbst hier, noch immer,
auf dieser kreuzung irgendwo in melbourne,

derweil der vogel unbeirrbar schreitet,
mitten im lärm, im hupen und gekläffe,
und alles um ihn stockt an blech und schrott:
die reine, leuchtend weiße hieroglyphe.

bluefish

du nahmst mich mit und zeigtest mir eure bucht
(noch jahre vor der tragödie), zeigtest
die wächterkrabben, den leuchtturm auf habacht
am rand der steilwand gegenüber, erzähltest,

wie einmal jeden herbst das stille wasser
zum schlachtfest wird, wenn ein tornado
von möwen herankreist, kreischender, weißer
in richtung montreal oder toronto,

ein hungerwirbel, wie dann unterm lärmen
mann um mann im seichten steht
mit hochgekrempelten ärmeln
und ohne regung, während es geschieht:

sardellen, sardinen, silberlinge
zu abertausenden, der geknackte
atlantikjackpot, ein ans ufer springen-
des panisches münzgeld, das doch nicht genügt,

weil es die jäger selbst sind, die man jagt,
riesige, blaue barsche,
die jeder kerl mit kalten fingern packt
und hält, bis noch den letzten eine brosche

aus schuppen am pulli schmückt, die messer
die leiber aufziehen, den gekrösevorhang
herabrauschen lassen, bis (mesdames! messieurs!)
die zuschauer nach den roten brocken langen,

ihr tropfendes präsent
mit händen und tüten ins warme tragen,
das meer im rücken, ausgeweidet, brausend
und schäumend, sagtest du, und alles stand vor augen –

aber nicht heute; und indem der leuchtturm
sein weißes netz ins leere zu werfen begann
und einzog, warf und einzog, wir zu eurem
haus zurückkehrten, brach der abend an.

mississippi

einmal entsprungen, schwillt er an, wird gewaltig, führt flaschen, stroh-
hüte, fahrzeuge mit sich, flüche und stoßgebete, ganze holzveranden samt
schaukelstuhl. selbst wenn du nicht an ihn denkst, er ist da, strömt machtvoll neben dir her; magst du abwesend sein, wälzt er sich doch weiter voran mit seinem schlamm und generationen von aalen. du liest die zeitung,
nickst ein – plötzlich vernimmst du sein rauschen; du wartest auf den bus,
spürst mit einem mal, wie er deine knöchel umspielt, aber ahnst nicht, daß
du schon seit jahren mit nassen füßen durchs leben gehst. die ufer wissen
nichts voneinander. ein vogel, der ihn quert, ist verloren, sofern nicht auf
halber strecke eine tür, ein baum, eine aufgedunsene kuh vorübertreibt;
die lampe, die geschwenkt wird, hat ihr öl längst verbraucht, ehe das licht
die andere seite erreicht; wird in a noch gemolken, ruht in b schon die
milch zu leuchtenden barren geschlagen auf eis. und hinter jeder zweiten
biegung wartet ein angler, hebt gelegentlich die arme, um die schnur, die
rute zu richten – wie ein dirigent, der immer in zwei zeiten zugleich ist, im
augenblick der schönheit und in dem augenblick, der ihm vorangeht.

tornados

als junge wünschte ich mir einen, im garten
kniehoch an kompost, töpfen und gerümpel
vorüberkreiselnd, den karyatiden
der hühner, ihrem draht- und sperrholztempel.

später die träume: eben noch entronnen
dem sturm, doch weit und breit kein unterschlupf,
der baum da ein derwisch, die dörfer ruinen,
derweil ein weiterer barocker zopf

aus staub und lärm sich näherte, later-
nen, kühe fortzureißen, dach um dach
entschuppt wie fische. hob ich die lider,
war es ein wirbeln, dutzend-, hundertfach.

hingegen jetzt auf einem jener highways
von hier nach dort, mit letzter abendwärme
durch drei missouris oder iowas,
kein lkw als antwort, keine farm,

nur höchstens ab und zu im rückspiegel
ein lichtreflex, ein funzeln im gewinde,
ein weit entfernter stern – der eispickel
des alpinisten oben in der wand.

nachmittags um halb fünf

die mönchsgrasmücke mit ihrem japanisch;
ein spuckefleck auf dem asphalt,
amöbenhaft, der leere blick
der blase in der mitte, bis sie platzt.

der obergefreite schneidewind
ist eingeschlafen im zug, bemerkt nicht,
daß die hänge vor dem fenster exakt
die gleichen farben wie sein tarnanzug haben.

die eule im eichenwald überprüft
ihr nachtsichtgerät, während studienrat dr. krähe
sich seitwärts in die büsche schlägt.
ein junge winkt den segelbooten zu,

weil booten zugewunken werden muß,
und die nationale gesellschaft für die wohlfahrt
von füchsen beginnt ihre jahrestagung.
der trinker in der kneipe zählt

die feuchten olympischen ringe der letzten
biere auf dem tisch (aber wirklich, fünf?),
der schrebergärtner an der ecke steht
wie ein löwenbändiger zwischen den sonnenblumen,

und im haus des toten uhrmachers ticken
und ticken sämtliche uhren noch –
mehr ewigkeit ist nicht zu haben
nachmittags um halb fünf.

steine & erden

und irgendwann kommt der moment
auf dieser reise nach vineta,
wo man, von trauer oder schuld
gejagt, es hinterm firmament
von toten fliegen auf der wind-
schutzscheibe sieht, das alte schild
neben der koppel mit den zwei pferden,
steine & erden, steine & erden,

wo man mit kleinbus, caravan
und truck noch seinen bahnen folgt
als stern, geschoß, asteroid,
wenn das gelände weit wird, offen,
von farn und melde überflaggt,
ein meterhoher stacheldraht
mit winzigen fäusten und rostgebärden
um steine & erden, steine & erden,

die haufen, tief im innern knirschend
vielleicht, dabei so fern der zeit,
so ungerührt, daß selbst die salve
von staren stillzustehen scheint,
das gras am straßenrand nicht zittert,
und alles langsamer, als schleife
man tonnengewichte hinter sich her, denn
steine & erden, steine & erden

ist alles, was da ist, nur splitt
und schiefer, obererde, quarz,
grauwacke, mutterboden, schluff,
jedwedes wort ein schibboleth,
so klar und scharf wie kaiserwurz,
das einen weckt aus langem schlaf,
leichter die längst vertrauten beschwerden
dank steinen & erden, steinen & erden,

granit, kalk, schotter, feinkies, sand,
so mannigfach wie wir, mit turban,
barett, mit brille, nackenfalte
und bauch zur flüchtigsten synode
vereint auf dieser autobahn,
als sammle sich die ganze welt
aus beirut, bayreuth, verdun oder verden
bei steinen & erden, steinen & erden

um das, was sich nach außen kehrt
mit feuchtigkeit und dunklem duft,
verletzlich, aber essentiell,
wenn auch mit körnung statt karat,
basalt und feldspat, mergel, tuff,
bevor man unversehens, teil
der weiterrasenden, blechernen herden
an steinen & erden, steinen & erden

vorüber ist, an bagger, schlot
und silo, abermals empfängt
was durch die radiosender rinnt,
im rückspiegel dasselbe schild,
das nach wie vor im himmel hängt,
vielmehr dort thront, wer wir auch sind,
was immer wir waren, was wir werden
(*steine & erden, steine & erden*).

Inhalt

Zweiundzwanzig Jahre nach der Probebohrung im Himmel lässt sich Jan Wagner von der schnöden Scholle inspirieren: *Steine & Erden*. Aus dem lehmigsten, kalkigsten Boden der Tatsachen fördert sein Blick mit Lust das Erstaunliche zutage und verwandelt es in Gedichte, deren Leichtigkeit und Klangmagie immer wieder verblüffend sind. Alles lebt und erzählt Geschichten in diesem neuen beeindruckenden lyrischen Kosmos – von der Karottenrakete auf ihrem Weg zum Erdmittelpunkt über die schleichend wachsende Gummiakropolis ausgedienter Reifen bis zu Dürers Rhinozeros.

JAN WAGNER, 1971 in Hamburg geboren, lebt in Berlin. Bei Hanser Berlin erschienen u. a. die Gedichtbände *Regentonnenvariationen* (2014), *Selbstporträt mit Bienenschwarm* (2016) und zuletzt *Die Live Butterfly Show* (2018). Für *Regentonnenvariationen* gewann er 2015 den Preis der Leipziger Buchmesse, 2017 wurde er mit dem Georg-Büchner-Preis ausgezeichnet.